Knoops Park

Eine historische Parkanlage in Bremen-Nord

Gesehen von Jutta Langer
Beschrieben von Ulla Tesch

Verlag H. M. Hauschild GmbH, Bremen

Wir freuen uns, daß die Schönheiten dieses Parks eine so überzeugende Darstellung gefunden haben.

Das Buch verdient es, in die Hand all derer zu gelangen, die den Park lieben und sich an ihm erfreuen. Möge das Buch dazu beitragen, die Bedeutung dieser Parkanlage als gartenhistorisches Denkmal sowie als unersetzliches und unwiederbringliches Naherholungsgebiet deutlich zu machen und den Park vor dem begehrlichen Zugriff der Tagespolitik zu schützen.

Förderverein
Knoops Park e.V.

Inhalt *Seite*

Vorwort 5

Ein Spaziergang durch Knoops Park 6

Ludwig Knoop – vom Bremer Bürgersohn zum russischen Textilbaron 11

Schloß Mühlenthal 13

Haus Kränholm 19

Haus Schotteck 22

Haus Lesmona und sein Skulpturenpark 25

„Sommer in Lesmona" 29

Die Lesum 30

Jahreszeiten in Knoops Park – ein fotografischer Spaziergang 33

Frühling 34

Sommer 38

Herbst 50

Winter 56

Knoops Park in Stichworten 64

Parkplan 66

Literaturangaben 68

Bildnachweis 69

Wir danken 70

Impressum 71

„Die Natur ist die große Ruhe gegenüber unserer Beweglichkeit. Darum wird sie der Mensch immer mehr lieben, je feiner und beweglicher er werden wird. Sie gibt ihm die großen Züge, die weiten Perspektiven und zugleich das Bild einer bei aller unermüdlichen Entwicklung erhabenen Gelassenheit."

Christian Morgenstern

Vorwort

Eine Oase der Ruhe, ein grünes Refugium als Bollwerk gegen die immer rascher voranschreitende Technisierung und die sich immer schneller ausbreitende Zubetonierung unserer Städte – das ist es, was der Mensch heute in der Natur sucht. Deshalb wird um jedes bißchen Grün in der Stadt gekämpft, deshalb engagieren sich immer mehr Menschen für den Erhalt dieser grünen Lungen inmitten abgasverseuchter Citys.

Wo sonst können Stadtkinder heute noch die Natur entdecken und staunend den Jahreslauf verfolgen? Wo können sie Tiere in ihrer natürlichen Umgebung beobachten, sich einmal abseits des allgegenwärtigen Autoverkehrs frei bewegen und Erfahrungen machen, die sie dafür sensibilisieren, die Natur und alles, was in ihr lebt, zu achten und als erhaltenswert zu schützen?

Wo sonst sollten unsere Kinder das erleben, woran sie sich später einmal liebevoll erinnern werden: Schiffchen fahren lassen auf dem Wasser, laut raschelnd durch buntes Laub jagen, wilde Schlittenfahrten die Hänge hinab?

Denn eines wissen wir heute:

„Bäume und Flüsse, blauer Himmel und schöne Fernsichten sind ebenso notwendig zur Bildung wie Bänke und Wandtafeln, Bücher und Prüfungen."
Rabindranath Tagore

Parks in unseren Städten bieten jung und alt viele Möglichkeiten, die Natur zu erleben und zu genießen. Sie bieten Lebensräume für Pflanzen und Tiere und tragen so zu einem ökologischen Gleichgewicht bei. Sie ermöglichen es uns Stadtmenschen, unsere Freizeit citynah im Grünen zu verbringen, unsere Augen, unsere Sinne an natürlich Gewachsenem zu laben und all dem Künstlichen, Gleichförmigen, Leblosen, das uns tagtäglich umgibt, wenigstens für einige glückliche Momente zu entrinnen.

Mit diesem Buch möchten wir aufmerksam machen auf die Schönheit und die Geschichte von Knoops Park, „unseres" Parks in Bremen-Nord. Vielen Bremen-Nordern ist er – im wahrsten Sinne des Wortes – von Kindesbeinen an vertraut. Doch wer kennt die Geschichte dieser gartenhistorisch herausragenden Anlage, die auch die Geschichte seines Gründers ist, des Industriellen Ludwig Knoop? Wer weiß um die Vergangenheit von Haus Kränholm, Haus Schotteck und Lesmona? Dieses und vieles mehr möchten wir dem interessierten Leser nahebringen.

Die Fotos, die den Park im Lauf der Jahreszeiten wiedergeben, wollen zum genauen Hinsehen anregen. Gibt es nicht immer wieder Neues zu entdecken? Wer mit wachen Augen durch den Park spaziert, dem wird sich bislang Ungesehenes erschließen. Und wer um seine Geschichte weiß, dem wird sie sich allerorten offenbaren.

Wir möchten all denen, die diesen Park schon lange kennen und lieben, eine neue, so vielleicht noch nie wahrgenommene Sichtweise eröffnen. Allen anderen hoffen wir mit den Bildern und Texten Lust zu machen, Knoops Park für sich zu entdecken.

Jutta Langer
Fotos

Ulla Tesch
Text

Ein Spaziergang durch

Knoops Park

Am nördlichen Lesumufer liegt der historische Knoops Park. Der Reiz dieses Gartendenkmals, das von Wilhelm Benque gestaltet wurde, ergibt sich insbesondere aus seiner Lage am Hochufer der Lesum mit weitem Blick über das Werderland.

Zu welcher Jahreszeit man auch durch Knoops Park spaziert, er zeigt sich immer anders, aber immer faszinierend. Jede Zeit des Jahres hat hier ihren ganz speziellen Reiz.

Das junge Grün im Frühling, die Pracht der ersten Frühlingsboten. Im Sommer dann das üppige Laubwerk der so verschiedenartigen Bäume. Frühe Nebel und der Farbrausch flammender Bäume verleihen dem Herbst eine ganz eigene Stimmung. Im Winter gleicht der Park einer verzauberten, fremdartigen Landschaft, wenn der Frost die Bäume mit glitzerndem Rauhreif überzieht und der Schnee – manchmal nur für ein paar Stunden – seine weiße Decke über die weiten Rasenflächen breitet.

Durch seine Lage am Fluß verbindet sich Maritimes aufs Trefflichste mit üppigem Grün: Wer Spaziergänge am Wasser mit Blick auf Segelboote und Motoryachten liebt, kommt hier ebenso auf seine Kosten wie die Freunde romantischer Parklandschaften.

Die Menschen aus Bremen-Nord und umzu wissen das zu schätzen. Sie haben dieses idyllische Fleckchen Erde längst zu einem ihrer beliebtesten Ausflugsziele gemacht, und das nicht nur an den Wochenenden und bei Sonnenschein.

Zu jeder Jahreszeit, bei jedem Wetter sieht man hier Spaziergänger, Radfahrer und Jogger allein, zu zweit oder in Familien und Grüppchen, die Urlaub vom Alltag machen, in diesem herrlichen Stück Natur wieder neue Kräfte tanken oder ganz einfach die Seele baumeln lassen.

Überall im Park laden lauschige Plätze zum Verweilen ein, läßt Kunst im Grünen den Besucher innehalten. Herrliche Ausblicke über die weite Landschaft belohnen den Weg die steilen Hänge hinauf. In Café Knoops Park – nur ein paar Schritte vom Ufer der Lesum entfernt – läßt sich bei Kaffee und Kuchen erholsam Rast machen.

Wer mit offenen Augen durch den Park spaziert, kann vieles entdecken. Auf besonders Sehenswertes weist denn auch ein von Ursula Siebert gezeichneter Plan im Schaukasten am Eingang zu Knoops Park hin: Er macht – einmalig in Bremen – den Spaziergänger auf den Standort interessanter einheimischer und exotischer Bäume aufmerksam.

Seinen Reichtum an ausgefallenen Gewächsen verdankt der Park u. a. Ludwig Knoops Gästen aus aller Herren Länder, die als Geschenke oftmals seltene Pflanzen und Gehölze mitbrachten.

Auf 7 Kilometern führt der Weg auf herrlichen Parkwegen und romantischen Pfaden vorbei an Maulbeerbaum und Vogelkirsche. Da gibt es Gurkenmagnolien und Sumpfzypressen, Katsurabaum und Kaukasische Flügelnuß, Mammutbaum und Traubeneiche zu bestaunen.

An den Hängen des Mühlenthals und in den lesumabwärts gelegenen ehemaligen Parks Schotteck und Lesmona lockt den Besucher im Frühjahr vor allem die farbenprächtige Rhododendren- und Azaleenblüte.

Das Mühlenthal im Frühjahr: Azaleen- und Rhododendrenblüten tauchen die Hänge in ein Meer von Farben. Man nimmt an, daß Parkgestalter Wilhelm Benque nur in der Nähe des Schlosses hellila sowie weißblühende Rhododendren vorsah. Erst in den 50er Jahren kamen weitere Pflanzen – besonders die Farbsorten – an anderen Stellen des Parks hinzu.

Doch nicht nur hier ist der Park im Frühling in ein Meer von Farben getaucht, auch in allen anderen Ecken und Winkeln des Parks sprießt und blüht es jetzt: Gruppen von Osterglocken und Narzissen wogen strahlend gelb im ersten Sonnenschein. Auch die Teufelskralle, die zu den vom Aussterben bedrohten Pflanzenarten zählt, ist im Park zu finden.

Unter den großen, im Frühling noch unbelaubten Buchen im nördlichen Teil des Parks, jenseits der Straße Auf dem Hohen Ufer, erstreckt sich ein Teppich aus weißblühenden Buschwindröschen.

Links: Farbenrausch am Haus Kränholm

Rechts: Im Blindengarten am Bahnhof St. Magnus: Pflanzennamen für Sehende und in Blindenschrift

Der Bauerngarten am Haus Kränholm Ecke Auf dem Hohen Ufer / Raschenkampsweg besticht besonders im Frühjahr mit seiner farbigen Blütenpracht aus Narzissen, Tulpen und Osterglocken.

Weiter in Richtung Norden, Am Bahnhof St. Magnus, noch eine Besonderheit: Hier bietet Deutschlands erster in Privatinitiative entstandener Blindengarten Gelegenheit, die Pflanzen durch Betasten und Beriechen wahrzunehmen. Spendengelder und unentgeltlicher Arbeitseinsatz Bremer Firmen haben es möglich gemacht, daß Sehbehinderte und Menschen ohne Sehvermögen hier die Natur auf ihre Weise erfahren können. Wer seinen Weg vom östlichen Parkeingang in Richtung oberer Teich nimmt, entdeckt schon von weitem einen Spaziergänger besonderer Art: den Gründer der Parkanlage. Mit freundlicher Miene grüßt die von dem Bildhauer Claus Homfeld geschaffene lebensgroße Bronzestatue Ludwig Knoops den Besucher.

Zwei kleine Schautafeln zeigen seit 1997 eine Strichzeichnung von Schloß Mühlenthal und seinen Grundriß. Dort, wo sich einst das imposante Bauwerk erhob, wird plötzlich die Vergangenheit lebendig: Pflastersteine markieren den Grundriß des Knoopschen Domizils. Eine gelungene, dezent in die Rasenfläche eingebrachte Sichtbarmachung der Ausmaße des Gebäudes. Die ungewöhnliche Form der Darstellung war Bestandteil eines Entwicklungskonzeptes, das der Hamburger Gartenarchitekt Lindenlaub 1987 für den Park vorlegte. Im Mai 1996 wurde dieses Projekt durch eine großzügige Spende des Vereins möglich gemacht, der sich gemeinsam mit der Gartenbauabteilung des Bauamtes Bremen-Nord für die Erhaltung und Pflege der Grünanlage einsetzt.
Hier also hat Baron Ludwig Knoop mit seiner Familie residiert, hier kam eine illustre Gästeschar zu rauschenden Festen zusammen, von denen man heute noch spricht. Die alljährliche Konzertreihe „Sommer in Lesmona" knüpft an diese Tradition an.

Ludwig Knoop (1821–1894), ein überaus erfolgreicher Industrieller, war es, der im vorigen Jahrhundert diesen Park für sich und seine Familie um seinen Herrensitz Schloß Mühlenthal anlegen ließ. Der ausführende Landschaftsgärtner war kein geringerer als Wilhelm Benque (1814–1895), der zur gleichen Zeit auch Bremens Bürgerpark mit seinen romantischen Wasserzügen und verschlungenen Wegen zu einem Juwel der Landschaftskunst gemacht hat.

Wie den Bürgerpark gestaltete Benque auch Knoops Park nach englischem Vorbild als Landschaftspark. Offene, lichte Rasenflächen wechseln mit waldartigen Partien, wobei der Gegensatz zwischen Natürlichkeit und alter Gartenkunst den besonderen Reiz der Parkanlage ausmacht.

Zum heutigen Park gehören der Garten von Schloß Mühlenthal sowie die historischen Gärten Schotteck, Albrechtsburg und Lesmona. Von dem fast 30 Meter hohen Geestrücken erstreckt sich der Park über ca. 65 Hektar und auf rund 7 Kilometern Spazierwegen in Terrassen und Hängen bis zur Lesum hin. Verschiedene Aussichtspunkte bieten einzigartige Ausblicke über das weite Werderland am anderen Ufer. Der wohl bekannteste ist die Jünglingshöhe.

Wer sich ganz der Stimmung dieser norddeutschen Parklandschaft hingibt, der wird vielerorts stummen Zeitzeugen ihrer Geschichte begegnen: den noch existierenden Gebäuden Haus Schotteck, Haus Kränholm, den ehemaligen Torhäusern des Knoopschen Grundstücks sowie dem Haus Lesmona mit seinem Skulpturenpark, einer exquisiten Sammlung zeitgenössischer Plastiken internationaler Künstler.

Knoops Park – für viele Einwohner Bremen-Nords, aber auch für so manche Bremer ist er Teil ihres Lebens, Teil ihrer Erinnerungen: an fröhliche Schlittenpartien in rasender Fahrt die Steilhänge hinunter, laue Sommerabende an der Lesum, Familienpicknick am Ufer mit Blick auf die vorbeifahrenden großen und kleinen Schiffe.

Am Lesumufer entlang verläuft der Admiral-Brommy-Weg. Beginnend am Lesumhafen führt er Spaziergänger und Radfahrer über eine Wegstrecke von 5 Kilometern vorbei an den romantischen Gärten der auf dem hohen Ufer gelegenen Villen bis nach Vegesack. An Café Knoops Park vorbei trifft man auf das einstige Sommerhaus des Befehlshabers der ersten deutschen Flotte, nach dem der Weg benannt ist. Zwei Jahre, bis zu seinem Tod im Januar 1860, lebte Admiral Brommy in der Villa Drei Linden, dem heutigen Haus Schwalbenklippe.

Links: Vor dem Auftreten der Ulmenkrankheit entstand dieses Foto. Durch Wegnahme der kranken Bäume hat man heute einen besseren Ausblick nach Süden über den Fluß und ins Werderland.

Rechts: Bootsidylle auf der Lesum

Der Ur-Ur-Enkel von Baron Knoop, Carl Albrecht, im Gespräch mit dem Künstler Claus Homfeld, der das Gipsmodell für die spätere Bronzestatue anfertigte. Eingeweiht wurde die Statue im Park im Jahre 1995.

Von weitem schon erkennt man einen Spaziergänger besonderer Art: Ludwig Knoop als Bronzestatue.

Knoops Park ist auch heute noch für viele Anwohner das Ausflugsziel und Naherholungsgebiet schlechthin.

Daß so viel wie möglich von seinem alten Zauber erhalten bleibt, dafür sorgen die Gartenbauabteilung des Bauamtes Bremen-Nord sowie der Förderverein Knoops Park e.V.

Auslöser für die Gründung des Vereins war der schwere Sturm im Juli des Jahres 1985, dem über hundert alte Bäume in Knoops Park zum Opfer fielen. Wesentliches Ziel des Vereins ist es, sich für den Erhalt von Knoops Park als gartenhistorisches Denkmal einzusetzen.

Der bronzene Baron sieht's mit Freuden.

Ludwig Knoop – vom Bremer Bürgersohn zum russischen Textilbaron

Ludwig Knoop wird am 15. Mai 1821 als viertes von acht Kindern einer verarmten Bremer Kaufmannsfamilie im Stephaniviertel geboren. Nach wirtschaftlichem Mißerfolg betreibt sein Vater einen Tabakhandel in der renommierten Langenstraße. Hier lebt die Familie bis 1833. Dann, nach dem zweiten Konkurs, zieht man zum Buntentor mit seinen vielen Tabakmanufakturen. 1835 beginnt Ludwig Knoop eine kaufmännische Lehre. Drei Jahre später geht er zu seinem Onkel nach England, der in Manchester erfolgreich einen Twisthandel unter dem Namen de Jersey & Co. betreibt. In England, das in der industriellen Entwicklung den anderen Ländern Europas weit voraus ist, lernt er die neuen Techniken der Textilverarbeitung, die maschinelle Baumwollspinnerei und -weberei, kennen.

Die Firma expandiert und findet in Rußland, wo noch per Hand gewebt wird, einen neuen Absatzmarkt mit großer Nachfrage. Als die russische Niederlassung der Firma in Moskau einen Gehilfen sucht, macht sich Knoop auf in das weite, unbekannte Land. Hier trifft er auch seine spätere Frau Luise, Tochter eines wohlhabenden baltendeutschen Kaufmanns, die er 1843 heiratet. Rußland bietet ihm Aufstiegschancen, bald übernimmt er selbst die Moskauer Vertretung.

Da Rußland noch nicht über die technischen Möglichkeiten verfügt, eigene Maschinen zur Baumwollverarbeitung herzustellen, zeigt es sich interessiert daran, englische Maschinen einzuführen, um die importierten Baumwollgarne selbst herstellen zu können. Als ein russischer Unternehmer an Knoop herantritt, hilft dieser ihm beim Aufbau einer Maschinenspinnerei. Der ersten Fabrik 1849 folgen weitere.

1852 verläßt Knoop die Firma seines Onkels und macht sich selbständig. Die Industrialisierung breitet sich im Zarenreich immer mehr aus. Knoops Unternehmen in Moskau und St. Petersburg beschaffen Kredite, importieren Textilmaschinen, jetzt auch für Webereien, Färbereien und Druckereien, und vermitteln Experten für das Know-how. Insgesamt ist er an der Gründung von über zweihundert Fabriken beteiligt. Bald heißt es über ihn: „Keine Kirche ohne Pop, keine Fabrik ohne Knoop."

Mitte der 50er Jahre erwirbt er zusammen mit anderen russischen Unternehmern in Estland die Insel Kränholm. Hier entsteht mit mehr als 10 000 Beschäftigten eine der größten Baumwollspinnereien der damaligen Zeit. Neben verschiedenen Banken und Versicherungsgesellschaften ist Knoop an über hundert weiteren Textilfabriken beteiligt.

Aus dem kränklichen Kind, dem schüchternen jungen Mann, den seine Frau aus Mitleid einem anderen Bewerber vorgezogen haben soll, ist durch Eigeninitiative, Geschäftssinn und Fleiß einer der erfolgreichsten Unternehmer des 19. Jahrhunderts geworden, der es zu einem riesigen Vermögen und sogar zu einem Adelstitel gebracht hat: 1877 verleiht der Zar dem russischen Staatsbürger Ludwig Knoop den Titel eines Barons.

Ludwig Knoop (1821–1894)

Luise Knoop (1824–1894)

Die Kinder von Luise und Ludwig Knoop

Luise

Johann

Theodor

Adele

Andreas

Emilie

Als Herrscher über ein ausgedehntes Wirtschaftsimperium denkt Knoop sozial. Zwar sind die Löhne seiner russischen Arbeiter recht niedrig, doch führt er in seinen Fabriken eine Krankenversicherung ein und errichtet Werkswohnungen, Kindergärten und Schulen.

Wenn er auch seine Geschäfte in England und Rußland führt, sein Herz hängt immer noch an seiner Heimatstadt Bremen. So sehr, daß er seine beiden ältesten Söhne hier in die Schule und später in die Lehre gibt. Bei einem längeren Aufenthalt in der Hansestadt 1859/60 beschließt er, sich in der Umgebung niederzulassen. Seine Wahl fällt auf das in der landschaftlich reizvollen Bremer Schweiz gelegene St. Magnus. Hier, am hohen Ufer der Lesum, umgeben von Äckern und Wiesen, mit herrlichem Blick auf den Fluß und weit ins Oldenburger Land hinein, lassen sich zu jener Zeit wohlhabende Bremer Kaufleute ihre Landhäuser bauen. Adam Storck schreibt 1822 in seinen „Ansichten der freien Hansestadt Bremen und ihrer Umgebung" über diese Landschaft:

„Auf den verschiedenen wohlangebrachten schattigen Sitzen auf der Höhe des Ufers die Wirkung der Morgen- und Abendbeleuchtung zu sehen, muß selbst dem, der romantische Gegenden kennt, herrlichen Genuß gewähren. Zwischen den in röthlichen Dunst gehüllten Ufern wallt die Lesum in der milderen Gluth der Abendsonne. Das Grün der Viehweiden verliert sich allmählich in das Blau des fernen Horizonts. Still liegen die Hütten am Ufer hin zwischen Weiden, Eichen und Eschen, und nur einzelne Fischerkähne beleben dieses sanfte idyllische Bild."[1]

Auch den weitgereisten Knoop muß dieses Fleckchen Erde verzaubert haben. Er erwirbt das Landgut Mühlenthal, wo er von 1861 bis 1868 die Sommer mit seiner Familie verbringt. Vorbesitzer des Hauses am steilen Ufer der Lesum waren die Bremer Kaufleute J. H. Heymann und nach dessen Tod im Jahre 1823 August Wilhelm Gruber. Neben dem alten Haus entsteht ein Neubau im Landhausstil mit großem Erker und Veranda, deren Glastüren einen herrlichen Blick auf den Garten und die Lesum mit den sie umgebenden Wiesen und Feldern freigeben. Im Jahre 1859 entschließt sich Ludwig Knoop zum Kauf des Landguts. Hier beginnt die eigentliche Geschichte von Knoops Park.

Große Gewächshäuser entstehen, in denen Luise Knoop ihrer Liebhaberei, der Züchtung von Blumen, nachgehen kann. Bald schon ist der Knoopsche Landsitz berühmt für seine ausgelassenen Feste mit großer Gästeschar.

Den restlichen Teil des Jahres lebt Knoop in Bremen, wenn er nicht seine umfangreichen Unternehmungen in Rußland besucht. Am liebsten möchte Knoop das ganze Jahr auf seinem Landsitz verbringen, zumal die Stadtwohnung der Knoops am Altenwall für die ständig wachsende Familie zu klein wird. Nach und nach ersteht er benachbarte Ländereien. 1868 dann erteilte er dem Bremer Architekten Gustav Runge den Auftrag, ihm anstelle des kleinen Sommersitzes ein großes, geräumiges Haus zu bauen, in dem auch für die Familie mit seinen sechs Kindern Platz ist.

Einstmals diente der Teich als Architekturspiegel für Schloß Mühlenthal. Der Tudor-Stil des Gebäudes steht beispielhaft für den Kunstgeschmack der 2. Hälfte des 19. Jahrhunderts. Dazu passen auch die Renaissance-Treppenelemente sowie der zeitgemäß englisch anmutende Landschaftspark.

Schloß Mühlenthal

Architekt Gustav Runge entwirft für die Familie Knoop ein Schloß im englischen Tudor-Stil mit etlichen Nebengebäuden und Stallungen sowie einem eigenen Gaswerk, einem Wasserturm und einer Telegraphenstation. Am 2. März 1871 bezieht die Familie ihren neuen repräsentativen Wohnsitz. Mit seinen holzgetäfelten Sälen und üppig eingerichteten Zimmern, seiner zahlreichen Dienerschaft und den diversen Wirtschaftshäusern steht Schloß Mühlenthal den Besitzungen vieler Adliger in nichts nach. Hier hält Ludwig Knoop Hof wie ein Fürst; den dazu passenden Titel eines Barons erhält er Jahre später vom russischen Zaren.

Rund um das Schloß läßt sich Knoop von Wilhelm Benque einen englischen Landschaftspark mit großen Freiflächen anlegen, die dieser in wirkungsvollem Kontrast zu den alten Bäumen des Besitzes anordnet. Einheimische und exotische Gehölze stellt er dabei geschickt einander gegenüber. Es entstehen reizvolle Durchblicke und Fernsichten.

Mit dem im ausgehenden 18. Jahrhundert aus England kommenden Landschaftsgarten erfuhr die Gartenkultur einen grundlegenden Wandel: weg von der künstlich gestutzten Natur, hin zu einer neuen Natürlichkeit. Man wollte den Gegensatz zwischen Landschaft und Garten aufheben und gleichsam die Landschaft im Garten nachbilden. In diesem Sinne plant Wilhelm Benque den Park zum Schloß Mühlenthal.

Er nutzt das steil zur Lesum abfallende Ufer zur Anlage von steinernen Treppen und Aussichtsplattformen im Stil italienischer Renaissance-Gärten. Mit der Jünglingshöhe schafft er den imposantesten Ausblick über die Weite der Lesumlandschaft. Ein Teich in der Nähe des Schlosses spiegelt eindrucksvoll die Architektur dieses mächtigen Gebäudes wider.

Das alte Mühlenthal, Südseite. Ende des 18. Jahrhunderts beginnt der Grunderwerb für Sommersitze wie diesem auf dem Geestrücken nördlich der Lesum. Der große Reiz dieser Lage besteht in der Fernsicht über das weite Land an der Grenze zweier Naturräume: Geest und Marsch.

Die Südseite des Schlosses mit Veranda und Terrassenbereich. Ein italienisch anmutender Springbrunnen schmückt die Terrasse.

Das Wohnzimmer der Großfamilie Knoop

*Der Saal.
Große Fenstertüren nach Süden spenden Licht und geben den Blick frei bis zur Lesum.*

24 Jahre lebte Ludwig Knoop auf Schloß Mühlenthal. Das Haus wurde zum Mittelpunkt der großen Familie und war Schauplatz glanzvoller Feste sowie gepflegter Geselligkeit.

Diese Treppe im italienischen Renaissance-Stil verband den Platz der Zwölf Apostel mit dem Mühlenthal. Durch die Bäume hindurch erkennt man die rückwärtige Fassade des Schlosses.

Zu den bedeutendsten Bauwerken des Besitzes gehören die Gewächshäuser mit ihren wertvollen Pflanzen, allen voran ein Palmenhaus. Ludwig Knoop hat sie für seine Frau errichten lassen. Sie sind die exotische Kulisse für unvergeßliche Familienfeste. Knoops Tochter Adele erinnert sich:

Diese Einladungskarte verschickte das Ehepaar Knoop anläßlich seiner Goldenen Hochzeit, die am 10. Juni 1893 im großen Stil gefeiert wurde. Viele Gäste waren gekommen und wurden verzaubert vom beleuchteten Park und den festlich geschmückten Gewächshäusern. Am Morgen hatten Schiffe des Norddeutschen Lloyd auf der Lesum Salut geschossen.

„Diese Gewächshäuser dienten am 15. September 1864 als Festräume bei der Hochzeit meiner älteren Schwester; der Tag, mit einer wunderbaren Illumination des Gartens abschließend, bei herrlichstem Wetter, war eins der schönsten Feste, die das alte Mühlenthal gesehen. Nur die silberne Hochzeit meiner Eltern reiht sich diesem Tag würdig an; am 10. Juni des heißen Sommers 1868 wurde sie ebenfalls in den festlich hergerichteten Gewächshäusern sehr fröhlich gefeiert ... Ein entzückender Ball für die Jugend folgte am 14. Juni, später ein lustiges Fest für die Angestellten." [2]

Für den standesgemäßen Empfang seiner illustren Gäste aus Politik und Wirtschaft, zu denen auch der preußische Feldherr Graf Moltke und der Kapitän und Forschungsreisende Eduard Dallmann zählen, läßt Knoop den alten Bahnhof St. Magnus standesgemäß zu einem Haus im beliebten Schweizerstil der Zeit umbauen. Ein eigens angelegter kleiner Hafen in der Lesum ermöglicht auch die Anreise per Schiff.

Wie prächtig Knoops Besitz in St. Magnus ist, wird aus einem Brief Graf Moltkes an seine Schwester deutlich, in dem er Schloß Mühlenthal als den reichsten Landsitz beschreibt, den er je gesehen hat.

Um Mühlenthal noch zu vergrößern, kauft Ludwig Knoop die zwischen seinem Gut und der Bahn gelegenen Ländereien. 1890/91 entsteht Knoops Hof, von dem aus ein Hofmeier die riesigen Besitzungen verwaltet.

Obwohl Schloß Mühlenthal ursprünglich auch für die Familien seiner Kinder geplant war, vermacht Ludwig Knoop seinen Töchtern und Schwiegersöhnen Grundstücke in der nahen Umgebung, auf denen ebenfalls prachtvolle Villen entstehen: die Albrechtsburg der Familie George Albrecht, Kränholm der Familie Kuhlenkampff und das Haus Schotteck der Familie Wolde.

Doch Schloß Mühlenthal bleibt auch weiterhin der gesellige Mittelpunkt der großen Familie. 24 glückliche Jahre verlebt Ludwig Knoop hier im Kreise seiner Kinder und Enkelkinder, bis zu seinem Tode am 16. August 1894. Er folgt seiner Frau, die am 26. Januar desselben Jahres stirbt, nach nur sieben Monaten. Auf dem Waller Friedhof wird er in einem Mausoleum beigesetzt.

Mit Ludwig Knoops Tod ist auch das Ende von Schloß Mühlenthal eingeläutet. Zunächst fällt das Schloß mitsamt seinen Ländereien dem ältesten Sohn Johann zu. Das Gebäude und seine kostbare Einrichtung zeigen bald erste Spuren des Verfalls, die umfangreiche Hofhaltung wird eingeschränkt. Doch Mühlenthal bleibt bis ins Jahr 1910 das Herz der weitverzweigten Familie. Immer noch gehören die Feste im Schloß zu den gesellschaftlichen Höhepunkten im Norden Bremens, und so mancher prominente Gast aus Kunst und Kultur hat hier eine Kostprobe seines Könnens zum besten gegeben, so etwa der Bremer Schriftsteller Rudolf Alexander Schröder und der Dichter Rainer Maria Rilke, der um die Jahrhundertwende im nahen Worpswede lebte und arbeitete.

Der Erste Weltkrieg und die Russische Revolution kosten die Familie ihre gesamten Besitzungen in England und Rußland, nur die in Estland gelegene Textilfabrik Kränholm bleibt von der Enteignung durch die Bolschewisten verschont.

Als Johann Knoop 1918 stirbt, erbt sein Sohn Ludwig das, was von dem einstmals riesigen Besitz der Knoops noch übriggeblieben ist. Es reichte nicht aus, um das seit Jahren unbewohnte, dem Verfall anheimgegebene Schloß Mühlenthal zu erhalten. Allein die Steuer übersteigt den tatsächlichen Wert, den das Gebäude mittlerweile nur noch hat, bei weitem. Und so endet die Geschichte dieses einst so glanzvollen Schlosses auf dem hohen Ufer der Lesum am 25. Mai 1933 mit seinem Abbruch.

1936 geht das Landgut Mühlenthal in den Besitz der Gemeinde Lesum über, und der herrliche Park bleibt erhalten. Der nördliche Teil des Grundstücks wird für eine Wohnbebauung freigegeben, der südliche, landschaftlich schönere Teil des ehemaligen Knoopschen Besitzes mit seinem wertvollen Baumbestand und dem Steilufer zur Lesum der Öffentlichkeit zugänglich gemacht. Im Jahre 1939 setzt die Gemeinde Lesum mit dem nach Plänen des Gartenarchitekten Christian H. Roselius unter der Leitung von Gartendirektor Homann entstandenen Knoops Park ihrem berühmtesten Bewohner ein Denkmal.

In den 70er Jahren werden die sich lesumabwärts anschließenden Parks Schotteck, Lesmona und die ehemalige Albrechtsburg von dem Gartenarchitekten Müller zu einer nunmehr 65 Hektar großen Gesamtanlage harmonisch zusammengefügt.

Die ungewöhnliche Form der Darstellung war Bestandteil eines Entwicklungskonzeptes, das der Hamburger Gartenarchitekt Lindenlaub 1987 für den Park vorlegte.

Wer wissen möchte, wo genau Ludwig Knoop in seinem Schloß Mühlenthal residierte, dem zeigen Pflastersteine den Grundriß des einst auf der großen Rasenfläche zwischen dem Teich und der Baumgruppe der Zwölf Apostel gelegenen Gebäudes an. In Dreierreihen verlegt, markieren sie auf 180 Meter Länge den ehemaligen Verlauf der Außenmauern. Den Haupteingang des Schlosses bezeichnen fünfreihige Steine. Wenn auch die Lage der einzelnen Räume nicht gekennzeichnet ist, so kann sich der Besucher doch eine Vorstellung von der Größe dieses einstmals so prächtigen Herrensitzes machen. Auf zwei Informationstafeln sind der Grundriß und eine Zeichnung des Knoopschen Schlosses zu sehen.

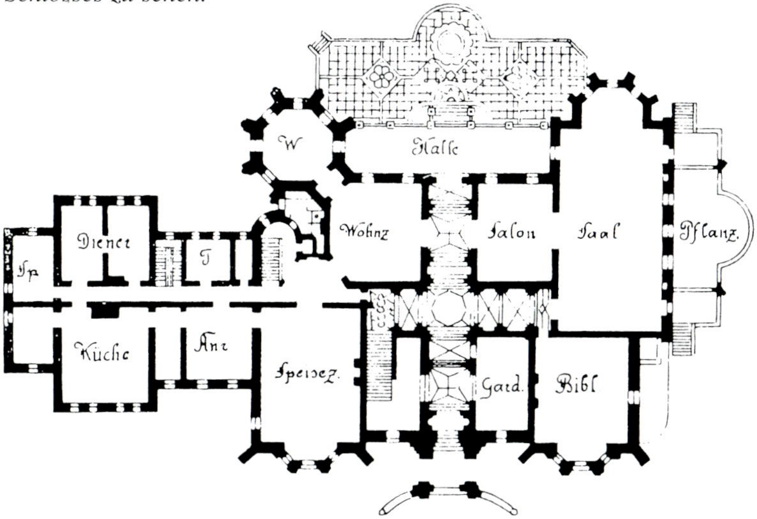

Die Stelle, an der heute die Bronzestatue von Ludwig Knoop steht, war einst einer der Lieblingsplätze des Barons.

Seit Oktober 1995 empfängt im östlichen Eingangsbereich nahe dem Teich ein in Bronze gegossener Ludwig Knoop in der Pose eines Gentlemans, mit Stock und Melone, freundlich lächelnd die Besucher „seines" Parks. Vorbild für diese Plastik des Bremer Bildhauers Claus Homfeld war eine überlebensgroße Knoop-Statue auf der estnischen Insel Kränholm, die 1941 von den Sowjets eingeschmolzen wurde und nur noch auf Fotos existiert. Eine kleine Replik dieser Statue, die den Schreibtisch der Familie Albrecht zierte, diente dem Künstler als Arbeitsvorlage.

Dieses Standbild Ludwig Knoops auf der estnischen Insel Kränholm diente als Vorlage für die Bronzestatue im Park.

Die Idee zur Schaffung und Aufstellung des Standbildes stammt vom Förderverein Knoops Park e.V. Zu Knoops 100. Todestag im Jahre 1994 vom Förderverein Knoops Park e. V. in Auftrag gegeben und von der Waldemar-Koch-Stiftung finanziert, will dieses Denkmal daran erinnern, daß die Geschichte des Parks untrennbar verbunden ist mit der Persönlichkeit des so überaus erfolgreichen Bremer Kaufmanns Ludwig Knoop. Den Standort in der Nähe des Teiches wählte man, weil die hier gelegene Tuffsteingrotte zu Ludwig Knoops Lieblingsplätzen gehörte. Von hier aus konnte er hinüberblicken zu Schloß Mühlenthal, dessen imposante Architektur sich im Teich widerspiegelte. Hier ließ er sich malen und fotografieren. Die wenigen Fotos, die es von Ludwig Knoop auf seinem Anwesen gibt, zeigen ihn meist an dieser Stelle.

Die Architekten Gildemeister und Sunkel entwarfen Haus Kränholm, das heute am Raschenkampsweg / Ecke Auf dem Hohen Ufer steht. Bauherr war Wilhelm Kulenkampff, der 1880 Emilie v. Knoop geheiratet hatte.

Haus Kränholm

In den Jahren 1896/97 entsteht auf dem Grundstück nahe der Lesumer Heerstraße, das Ludwig Knoop seiner Tochter Emilie und seinem Schwiegersohn Wilhelm Kulenkampff vermacht hat, ein Herrensitz im Fachwerkstil nach Art eines niedersächsischen Bauernhauses. Architekten sind Eduard Gildemeister und W. Sunkel. Der 15 Morgen große Park, der das Haus umgibt, wurde – wie schon das Landgut Mühlenthal – nach einem bereits 1875 entworfenen Plan des renommierten Landschaftsgärtners Wilhelm Benque gestaltet. Die estnische Insel Kränholm bei Narwa, auf der Ludwig Knoop eine riesige Spinnerei unterhält, hat dem Anwesen seinen Namen gegeben. Bevor es dem Bau der neuen B74 weichen mußte, diente es Senioren als Ruhesitz. Die Außenwände des alten Fachwerkhauses sowie das erste und zweite Stockwerk wurden an der Ecke Raschenkampsweg / Auf dem Hohen Ufer wiederaufgebaut. Das baufällige Erdgeschoß existiert heute nicht mehr.

Den prächtigen Bauerngarten mit Blumen- und Gemüsebeeten vor Kränholm gestalten und pflegen die Auszubildenden der Gartenbauabteilung des Bauamtes Bremen-Nord. Hier blühen im Frühling Tulpen und Narzissen um die Wette und tauchen das Haus in ein Meer von Farben.

Im neu angelegten beschilderten Mustergarten für Schattenpflanzen an der linken Seite des Hauses kann man sich über die verschiedenen Bodendecker informieren.

Das ursprüngliche Haus Kränholm, hier noch mit dem Erdgeschoß abgebildet, stand früher in der Nähe des Bahnhofs St. Magnus. 1956 kaufte der Bremer Staat den Landsitz. 1971 wurde das Haus Stück für Stück abgetragen.

Hinter dem großen Tor zum Haus Kränholm verbergen sich Büros, Werkstätten, Schulungs-, Speise- und Umkleideräume der Gartenbauabteilung des Bauamtes Bremen-Nord. Mitte der 70er Jahre mußte das Gebäude dem Bau der B 74 weichen und wurde gegenüber Knoops Park – ohne das einstige Erdgeschoß – wiederaufgebaut. Die herrschaftliche Treppe zum ersten Stock zog ins Haus Blomendal als Aufgang zum Rittersaal. Kränholm, das romantische Anwesen bestehend aus Haupthaus, Fachwerkscheune und Bauerngarten, ist immer häufiger auch Kulisse für stimmungsvolle Hochzeitsbilder.

In Nord und Süd de Welt is wit.

Seit 1998 schmückt diese halbrunde Bank – eine Stiftung des Fördervereins Knoops Park e.V. – den Garten von Haus Kränholm.

Handschnitzereien umrahmen das große Eingangstor von Haus Kränholm. Das Eichengebälk soll aus dem waldreichen nördlichen Baltikum stammen. Die Figur mit Pfeil und Bogen an der rechten Seite des Eingangstors symbolisiert die Liebe. Den Gegensatz dazu bildet auf der linken Torseite der Tod mit der Fackel in der Hand.

In Ost und West dat Hus is't best.

Inschrift über dem Eingang von Haus Kränholm

Steinkugel am Rosarium

Den historischen Knoops Park umgab ein hoher Stabgitterzaun, der auf einem gemauerten Ziegelsteinsockel befestigt war. Am Haus Schotteck kann man diese Einzäunung noch heute sehen: Die Pforten, nach alten Vorlagen gefertigt, sind eine Stiftung des Fördervereins Knoops Park e.V.

Haus Schotteck

Seiner Tochter Adele und ihrem Mann Georg Wolde schenkt Ludwig Knoop ebenfalls einen Landsitz in der Nachbarschaft von Schloß Mühlenthal. Für den Bau des Hauses schreibt Knoop einen Wettbewerb nur unter Berliner Architekten aus. Die angesehene Firma Reimer und Körte beeindruckt mit ihrem Entwurf eines aus drei Einheiten bestehenden Gebäudes im historistischen Stil der Zeit: dem Wohnhaus aus Backstein, Zierfachwerk und einer von Erkern und Vorsprüngen verzierten Dachlandschaft, einem Nebengebäude mit Küche und Dienstbotenkammern und einem einstöckigen, als Remise oder Pförtnerhaus genutzten Bau. Die Frankfurter Firma Schneider und Hanau wird mit der Beschaffung der wertvollen Inneneinrichtung betraut.

Wer die weitläufige Parkanlage einst gestaltet hat, läßt sich heute nicht mehr mit Sicherheit sagen, wenn auch einiges auf den damals vielbeschäftigten Landschaftsgärtner Wilhelm Benque hinweist. Doch auch der Gartenbauinspektor Heins oder der Bremer Schriftsteller, Architekt und Raumgestalter Rudolf Alexander Schröder, ein Freund des Hauses, könnten, so das Landesamt für Denkmalpflege, den Park entworfen haben.

Von Schröder stammt auch das Rosarium, das 1910 für Adele Wolde entsteht. Drei kleine Treppen führen zu einem Backsteinsockel mit steinernem Blumenkorb in der Mitte eines von drei ringförmigen Beeten umgebenen Rokokogärtchens. Die Terrasse zum Lesumufer

Das Landhaus Schotteck wurde im Jahre 1895 von Georg Wolde und Frau Adele, geb. v. Knoop, bezogen. Der Bankiersberuf des Hausherrn brachte ihm den Spitznamen „Der Schotte" ein. Hiervon leitet sich der Name des Hauses ab.

Die Südseite des Gebäudes mit Veranda

Die Abbildung links zeigt die Diele des Hauses.

Rudolf Alexander Schröder gestaltete das Rosarium für Adele Wolde.

Alter Springbrunnen auf der ehemaligen Terrasse von Haus Schotteck

Florales Steindekor im Garten hinter dem Haus

gestaltet Schröder ganz im Stil des Barock mit Springbrunnen, Blumentrögen und vier steinernen Bänken, von denen man einen herrlichen Blick über die weite Flußlandschaft hat.

1895 beziehen die Woldes ihr neues Domizil. Der Name des Hauses Schotteck nimmt Bezug auf den Spitznamen des Bankiers Georg Wolde: „Der Schotte“. Adele Wolde, die selbst schriftstellerisch tätig ist – sie verfaßt u. a. ein Buch über ihren Vater Ludwig Knoop –, macht Haus Schotteck mit angesehenen Gästen aus dem Kulturleben, darunter Rudolf Alexander Schröder, zu einem gesellschaftlichen Mittelpunkt. Schröder ist es dann auch, der 1910 die Eingangshalle des Hauses neu gestaltet und mit einem Mosaikfußboden versieht.

Nach Adele Woldes Tod im Jahre 1932 richten die Nationalsozialisten in Haus Schotteck die NSV-Gauschule Weser-Ems ein. So blieb der Landsitz von einem Abbruch verschont. Als der Zweite Weltkrieg zu Ende ist, werden hier Tuberkulose-Kranke untergebracht.

Heute betreut die Lebenshilfe Behinderte in dem denkmalgeschützten Haus; im einstöckigen Teil des Wirtschaftsnebengebäudes hat ein Polizeiaußenposten seinen Sitz.

Bis auf das fehlende, für das Haus so typische spitze Turmdach und einen Anbau, der die beiden ehemals eigenständigen Häuser miteinander verbindet, hat das Hauptgebäude von Schotteck die Jahre fast unverändert überdauert.

Der ursprüngliche Zaun, der einst das Anwesen umschloß, bildet noch heute die Begrenzung des Grundstücks zur Straße Auf dem Hohen Ufer. Aufgrund des veränderten Straßenverlaufs wurde er jedoch um 1,5 Meter zurückversetzt.

Im klassizistischen Stil erbaut: die Villa Lesmona

Haus Lesmona

und sein Skulpturenpark

Haus Lesmona: Vorderansicht

Im Jahre 1814 erwerben die Bremer Kaufleute Anton und Hinrich Walte von dem Bauern Heymann ein Grundstück hoch über dem Ufer der Lesum und lassen sich dort einen Landsitz im klassizistischen Stil errichten. Das Haus erhält den Namen Heinrichsburg, womit die Hausherren daran erinnern wollen, daß sich hier einst ein befestigter Adelssitz befunden haben soll.

1862 kommt das Haus in den Besitz der Kaufmannsfamilie Melchers, die es im Handel mit China zu Geld und Ansehen gebracht hat. Carl Melchers gibt dem Sommersitz den Namen Lesmona – die lateinische Bezeichnung für die Lesum. Er läßt dem Haus zur Gartenseite hin eine Veranda vorbauen. Hermann Melchers bewohnt das Haus bis zum Jahre 1918.

Weit über Bremen hinaus berühmt geworden ist das kleine weiße Haus auf dem Hochufer der Lesum durch den hinreißend geschriebenen Roman „Sommer in Lesmona" von Marga Berck alias Magda Melchers. In ihren Briefen erzählt die Autorin ihrer Cousine Bertha von ihrer heimlichen Liebe zu dem englischen Cousin Percy, der sie zärtlich „Daisy" nennt. Schauplatz der unerfüllten Romanze ist der Landsitz ihres Onkels, Hermann Melchers, die Villa Lesmona.

Am Steilufer zur Lesum hin gibt es heute noch die von den Liebenden als Treffpunkt erkorene Grotte Nizza unter der alten Platane. Hier, so stellt man sich im Vorübergehen vor, hat Marga einst auf einer Bank gesessen und mit aufgewühltem Herzen an ihren Percy gedacht.

Vielleicht meint man gar Percy zum Klavier singen zu hören: „There is a flower into my heart / Daisy, Daisy – / Planted some day by a glancing dart ..."

„Bürger im Block", Skulptur von Bernd Altenstein aus dem Jahre 1982

Seit Mai 1998 steht das „Stepping Girl", eine 2,5 Meter hohe Holzskulptur, im Garten der Villa Lesmona. Erschaffen wurde die Figur 1983 von dem Österreicher Erwin Wurm.

Als Literaturverfilmung hat die bittersüße Liebesgeschichte zwischen Marga und Percy viele Herzen erobert und den Namen Lesmona unvergessen gemacht.

Magda Melchers heiratet schließlich den späteren Direktor der Bremer Kunsthalle, Gustav Pauli. Das Ehepaar Pauli macht die Villa Lesmona des gastfreundlichen Herrn Melchers zu einem Treffpunkt von Literaten und anderen Kunstschaffenden. Der vielseitige Rudolf Alexander Schröder, der Wiener Dichter Hugo von Hofmannsthal, der baltische Erzähler Graf Keyserling und auch der Maler Heinrich Vogeler, der Dichter Rainer Maria Rilke und die Bildhauerin Clara Westhoff waren hier zu Gast.

Als Hermann Melchers den Sommersitz seiner Lieblingsnichte Magda hinterläßt, trennt sie sich von dem Schauplatz ihrer ersten großen Liebe. Der spätere Eigentümer verkauft Lesmona an den Bremer Staat, der hier ein Tuberkulose-Krankenhaus und später eine Quarantäne-Station errichtet. Die Liegehallen im Garten weisen noch heute auf seine einstige Bestimmung hin.

Später wird das 1973 unter Denkmalschutz gestellte Haus von der Gartenbauabteilung des Bauamtes Bremen-Nord als Verwaltungsgebäude genutzt.

Nach einem Brandanschlag im Jahre 1980 ist es der Maler Professor Jürgen Waller, der die Villa Lesmona als Atelier und kulturelles Zentrum wieder zum Leben erweckt.

Heute zeigt die Galeristin Birgit Waller in diesem ältesten noch erhaltenen Landsitz am Lesumufer Plastiken und Zeichnungen von Künstlerinnen und Künstlern aus dem In- und Ausland. Seit 1984 ist der Skulpturenpark rund um das Haus Lesmona eine besondere Attraktion für den kunstinteressierten Spaziergänger. Birgit Waller stellt um das Haus Lesmona Skulpturen namhafter Künstler aus, darunter von Bernd Altenstein, Valeria Sass, Wolfgang Ludewig und dem Künstlerehepaar Matschinsky-Denninghoff. Und ständig kommen neue Werke hinzu.

Seit Herbst 1995 schmücken für ein paar Jahre die Holzskulpturen der in Bremen lebenden Bildhauerin und früheren Altenstein-Meisterschülerin Ulrike Gölner und des international anerkannten Bildhauers Karl-Manfred Rennertz die Freiflächen um die Villa. Beide Künstler haben ihre Skulpturen vor Ort mit Axt und Kettensäge aus alten Baumstämmen herausgearbeitet. Auch dem Keramiker Olivier Roy aus Südfrankreich, der bereits mit mehreren Arbeiten im Skulpturenpark vertreten ist, konnte man bei der Anfertigung seiner pilzartig aus dem Boden wachsenden farbigen Stelen über die Schulter schauen.

Als Leihgabe schmückt die Stahl-Skulptur „Über Kreuz I" des Professors für Bildende Kunst in Braunschweig und Villa-Massimo-Preisträgers Heinz-Günter Prager die nördliche Rasenfläche. Mit Hilfe eines Krans wurden die beiden 2,5 Tonnen schweren und 10 mal 10 Meter langen, ineinandergeschobenen Stahlkreuze auf dem Rasen vor dem Haus aufgestellt. Weitere Skulpturen des Künstlers sind in den zu Ausstellungsräumen umgestalteten ehemaligen Liegehallen nahe der Galerie zu sehen. Die in Sichtweite voneinander aufgestellten Arbeiten des Skulpturenparks setzen farbige Akzente und führen gleichsam einen Dialog miteinander und mit der sie umgebenden Natur. Der Betrachter kann sich dem Reiz der Konfrontation von künstlich Geschaffenem und naturhaft Gewordenem kaum entziehen. Dieses Wechselspiel von Kunst und Natur ist es, das die Faszination des Freilichtmuseums mit seinen herausragenden Kunstwerken ausmacht.

Kunst von nahem betrachtet: Säulen des französischen Keramikers Olivier Roy

Filigranes im kleinen Freilichtmuseum in St. Magnus: Metallskulptur des Schweizers Schang Hutter aus der Serie Veitstanz

Stahlskulptur „Über Kreuz I" (1990) von Heinz-Günter Prager. Das stählerne Kunstwerk hat einen Durchmesser von 10 Metern.

„Sommer in Lesmona"

Der Titel des 1951 erschienenen Briefromans von Marga Berck gab einer Veranstaltungsreihe der Deutschen Kammerphilharmonie Bremen ihren Namen, die jedes Jahr wieder viele Musikfreunde aus nah und fern in Knoops Park versammelt. Unter dem Motto „Sommer in Lesmona" findet hier seit 1995 ein Freiluftvergnügen der besonderen Art statt.

Mit Klassik-open-air-Konzerten will man einen Eindruck der prachtvollen Sommerfeste vermitteln, die die Familie Knoop im Park von Schloß Mühlenthal mit Musik und Soupers so trefflich in Szene zu setzen verstand.

Auf der Steinberghöhe, dem Veranstaltungsort der Freiluftkonzerte, standen einst die Knoopschen Gewächshäuser, die so manchem rauschenden Fest als Kulisse dienten.

War es damals nur erlesenen Gästen vorbehalten, an diesen ausgelassenen Gesellschaften teilzunehmen, so ist es heute ein durchaus erschwingliches Vergnügen, zu den Klängen klassischer Musik durch den Park zu lustwandeln, auf den Rasenflächen ein Picknick zu veranstalten oder sich an den vielen Ständen kulinarischen Genüssen hinzugeben.

Picknick zu Klassik-Klängen, Lustwandeln im Park mit Orchesterbegleitung – das ist die Idee des seit 1995 stattfindenden musikalischen „Sommer in Lesmona". Die Freiluftkonzerte an der Steinberghöhe lassen einen Hauch der prachtvollen Sommerfeste erahnen, die die Familie Knoop hier einst mit ihren Gästen feierte.

Die Lesum

Die Lesum bei Knoops Park. Ihr Wasserstand ist tideabhängig, d. h. zweimal pro Tag steht der Fluß still.

Die Lesum bildet die südliche Grenze von Knoops Park. Dort, wo Wümme und Hamme zusammenfließen, unterhalb von Ritterhude, entsteht sie. 10 Kilometer weiter mündet sie bei Vegesack in die Weser. Urkundlich erwähnt wurde der Fluß als „Lesmona" erstmals im Jahre 1301. Doch lange vorher, in heidnischer Zeit, hieß die Lesum „Tersam" und der dazugehörige Ort „Thörslede". Beide Namen weisen auf die germanische Gottheit Thor hin, dem der Fluß wohl einst geweiht war. Man nimmt an, daß es sich bei einer Reihe kostbarer Funde aus vorsächsischer Zeit, die Baggerarbeiten in der Lesum 1938 zutage förderten, um Flußopfer handelt, die die Gottheit gnädig stimmen sollten.

Abendstimmung am Fluß

Die Menschen, die sich vor etwa 11 000 Jahren an diesem fischreichen Gewässer niederließen, lebten vom Fischfang und trieben Handel. Sie nutzten den Fluß als Wasserstraße, um ihre Waren in die unzugänglichen Moorgebiete zu transportieren.

In „Liastmona", wie der Ort bereits 860 genannt wurde, hatten die Grafen von Lesum ihren Sitz. Die Wirtschaft des kleinen Ortes florierte. Hier wurden Schiffe gebaut, die übers offene Meer fuhren. Grönlandfahrer machten sich auf, den Wal zu fangen, und Handelsschiffe brachten Waren aus fernen Ländern mit, die hier verarbeitet wurden, darunter englischer Kalk und Blauholz aus Übersee.

Da es in dieser Gegend keine Wälder gab, diente der Torf aus den umliegenden Mooren als Brennstoff. Im 18. und 19. Jahrhundert brachten Torfschiffe ihre Waren nach Lesum, wo eigens ein Hafen für sie angelegt wurde. Heute sind es meist Freizeitkapitäne, die die

Schilfzonen am Flußufer der Lesum stellen einen speziellen Lebensraum für die Tier- und Pflanzenwelt dar. Das Süßwasserschilf schützt die Ufergebiete vor der Abtragung durch das Wasser.

An den Wochenenden zieht es viele Segler – vorbei an Knoops Park – in Richtung Weser.

Lesum entlangschippern. In der warmen Jahreszeit herrscht ein reger Schiffsverkehr auf dem Fluß: Sportboote, die auf beiden Seiten der Lesum vor Anker liegen, sorgen für geschäftiges Treiben.

Die malerische Landschaft der Lesumniederung ist erst durch den Eingriff des Menschen, durch Deich- und Wasserbaumaßnahmen, entstanden. In früheren Zeiten, als es noch keine Deiche gab, bestand das Werderland nur aus Inseln und Warften, auf denen die Bewohner ihre Häuser bauten, um sich vor Hochwasser und Überschwemmungen zu schützen.

Als sich im 18. Jahrhundert die ersten Bremer Kaufleute am Hochufer des Flusses ihre Landsitze anlegten, war der Geestrücken noch sandig. Von weitem schon sah man einen hellen Hügel über der Flußniederung aufragen. Ende des 18. Jahrhunderts wurde St. Magnus, das Dorf auf dem Hochufer, zum beliebten Sommersitz wohlhabender Bremer Familien. Der Ort, schon im Bremer Adreßbuch von 1796 als „schöne Gegend" bezeichnet, verdankt seinen Namen dem zweiten Schutzpatron der Lesumer Pfarrkirche St. Martini, dem als Märtyrer gestorbenen heiligen Magnus. Im Laufe des 19. Jahrhunderts entwickelte sich das idyllische Dorf immer mehr zu einem Villenvorort. 1936 entstand aus den Gemeinden Burgdamm, Lesum und St. Magnus die Großgemeinde Lesum, die drei Jahre später in die Stadt Bremen eingemeindet wurde.

Von der einstmals ursprünglichen Naturlandschaft sind die ökologisch so bedeutsamen Schilfzonen an den Ufern der Lesum weitgehend erhalten geblieben – trotz Deichbau, Wassersport und Umweltbelastung. Ein Sperrwerk bewahrt heute den tideabhängigen Fluß und seine Umgebung vor Sturmfluten.

Blick vom Lesumufer ins Werderland mit „Murkens Krug zur Fähre"

Zum Träumen und zum Schauen – Rundbank an der Lesum

Jahreszeiten in Knoops Park –

ein fotografischer Spaziergang

Frühling

Zu den ersten Farbgebern im Park gehören die Osterglocken.
Hier entfalten sie ihre Leuchtkraft im Garten Schotteck.

Treppe im Garten Schotteck. Bodendecker beranken den italienischen Tuffstein.

Rechte Seite: Im Frühling läßt das junge Grün noch Fernsichten über das Werderland zu.

Frühling am östlichen Torhaus Auf dem Hohen Ufer. Hier und im westlichen Torhaus wohnten Bedienstete des Barons, zu deren Aufgaben es u. a. gehörte, die Dampfmaschine zu warten, die das Wasser aus der Lesum ins Schloß und in die zahlreichen Gewächshäuser pumpte. Hier verläuft noch heute die einstige Zufahrt, auf der Ludwig Knoop zu seinem Schloß gelangte. Die Bordsteine sind Originale aus dieser Zeit.

Rechte Seite: Der untere Teich wird vom Hangwasser des Mühlenbaches gespeist. Zu Knoops Zeiten wurde durch einen heute noch existierenden Stollen Wasser für eine Fontäne vom unteren in den oberen Teich nahe des Schlosses gepumpt.

Sommer

Ca. 20 Meter hoch ist der Geestrücken, auf dem sich Knoops Park erstreckt und zur Lesum hin in Hängen und Terrassen abfällt. In der Entstehungsphase des Parks wurden umfangreiche Bodenbewegungen von Hand ausgeführt. Man modellierte praktisch das hohe Ufer über der Lesum und steigerte so das natürliche Relief: Die Landschaft wurde in den Park einbezogen.

Orte zum Verweilen, zum Träumen und zum Schauen: Sitzplatz am Haus Kränholm und Rundbank an der Wotanseiche

Rechte Seite: In diesem Teich spiegelte sich einst das Schloß Mühlenthal.

Der bekannteste Aussichtspunkt im Park ist die Jünglingshöhe mit einer neuen Bank an altem Platz und Panorama-Blick auf die Bremer Häfen. Die beiden Sandsteinelemente der Bank aus Knoopscher Zeit sind von der Schule an der Alwin-Lonke-Straße an ihren ursprünglichen Platz zurückgekehrt. Der Name der Anhöhe geht auf die figürlichen Plastiken einer Sandsteinbalustrade zurück, die einst als Geländer diente.

Café Knoops Park – kaffeesieren unter alten Bäumen. Hier kann sich der Spaziergänger stärken; für Kinder gibt es einen kleinen Spielplatz, und vom nahe gelegenen Steg hat man einen schönen Blick auf den Flußlauf der Lesum.

Morgensonne bei den zwölf Linden, genannt „Die zwölf Apostel". Wie es zu diesem Namen kam, ist nicht bekannt. Von hier führte eine Treppe zum östlich gelegenen Mühlenthal hinab, wo ein Springbrunnen stand. Zu Knoops Zeiten war dieser Platz das Gelenkstück zwischen der Schloßterrasse und der Treppe ins Tal.

Das Mühlenthal. Hier befand sich einst eine Wassermühle, die dem Tal seinen Namen gab. Im Frühjahr sind die Hänge in ein Meer von Farben getaucht.

Ein Ort der Muße: Laubengang mit Bänken am Haus Schotteck

Nach dem Fall der alten Hängebuche im Park von Haus Schotteck entdeckte man, unter dichtem Efeu verborgen, die mit einer Steinkugel bekrönte Mauer der einstigen Terrasse. Der Weg davor wurde, wie auf der Abbildung oben zu erkennen ist, mit einer Pergola und Bänken versehen.

Neben anderen Arten von flächig wachsenden Bodendeckern entfalten im Juli Astilben ihre filigranen, pastellfarbenen Blüten.

Seit 1993 verbindet eine Brücke den ursprünglichen Knoopschen Park mit den Parks Schotteck und Lesmona. Für die Gestaltung der Brückenpfeiler wurden die noch erhaltenen Gußformen der Torhaus-Stützen verwendet. Aus Mitteln der Stiftung Wohnliche Stadt und dem Förderverein Knoops Park e.V. wurde der Bau der Brücke finanziert. Am Hohlweg unter der Brücke ist noch das Fundament des alten Zauns zu sehen, der das Grundstück des Barons einst im Westen begrenzte.

Im Juni blüht an verschiedenen Stellen im Park der Chinesische Blumenhartriegel (Cornus kousa chinensis). Seine zahlreichen weißen Blüten bilden einen schönen Kontrast zum umgebenden Grün der großen Bäume.

Die Grotte aus italienischem Tuffstein am Westufer des oberen Teiches stammt noch aus der Entstehungszeit des Parks. Sie galt als einer der Lieblingsplätze des Barons.

Auf dieser Rasenfläche zwischen dem Teich und den Zwölf Aposteln stand bis 1933 Ludwig Knoops Schloß Mühlenthal.

Bärlauch-Wiese im unteren Teil des Mühlenthals. Der einstige östliche Höhenweg entlang des Tals wurde mit Rücksicht auf den vorhandenen Baumbestand wiederhergestellt. Er führt nach Norden zum Eingangsplatz mit Schaukasten an der Straße Auf dem Hohen Ufer.

Die kräftig nach Knoblauch riechende Bärlauch-Pflanze liebt schattige, feuchte Standorte.

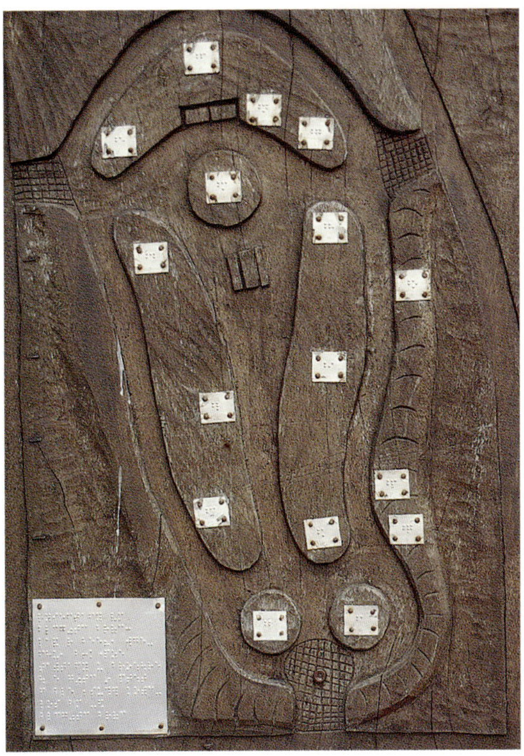

Der Duft- und Tastgarten am Bahnhof St. Magnus, als erster und schönster Blindengarten Deutschlands, lädt Blinde wie Sehende zum Anfassen und Erschnuppern ein. In Greifhöhe angelegte Beete und eine Beschilderung der Pflanzen auch in Blindenschrift (Braille) machen ein Naturerleben für Menschen ohne Sehvermögen möglich. Auf 1600 Quadratmetern werden mehr als 600 Pflanzenarten gezeigt. Auch Sehende können hier lernen, ihre Umwelt mit allen Sinnen wahrzunehmen.

Holzgeschnitzter Lageplan in Blindenschrift

Herbst

Die Blätter fallen: Herbststimmung am westlichen Torhaus und im Garten von Haus Schotteck

Die Herbstzeitlose als Schönheit zwischen Bodendeckern

Herbstliches Stilleben am Admiral-Brommy-Weg. Hinter der eisernen Pforte liegt ein verwunschener Garten – direkt am Lesumufer.

Rechte Seite: Die „Goldene Jahreszeit" an der Rundbank um die Wotans-Eiche. Wenn die Blätter gefallen sind, wird die Bank in ihr Winterquartier gebracht.

Da man die Lesumer Kirchturmglocken auf Gut Mühlenthal nicht hören konnte, läutete die Uhr am alten Wasserturm die Mittagspause und den Feierabend der Bediensteten ein.

Der Raschenkampsweg im goldenen Herbstsonnenschein. Dies war und ist die direkte Verbindung vom Bahnhof St. Magnus zum Park. Ludwig Knoop ließ den Bahnhof hauptsächlich für seine zahlreichen auswärtigen Gäste errichten.

Blick ins Mühlenthal

Von Rudolf Alexander Schröder stammt ein Gedicht aus dem Jahre 1935 mit dem Namen „Mühlental".

Mühlental

O nur noch ein Novembertag
Mit dir im alten Garten,
Der schräg vor blinder Sonne lag,
Des ersten Frosts zu warten.

Von rotem Baum zu goldenem Baum
Gab ich dir das Geleite;
Als Dritter ging ein Kindertraum
Dir heimlich an der Seite.

Der malte dir das Falbe grün
Und ließ – dich nahm's nicht wunder –,
Am Teich die Juni-Rosen blühn
Und hinterm Wald Holunder.

Und während langsam, langsam wir
Durchs ranke Dickicht schreiten,
Sprachst du mit ihm und nicht mit mir
Von längst vergangenen Zeiten.

Zuletzt, als ich den Arm dir bot
– Stumm deutend auf das Steigen
Des Wiesenrauchs im Abendrot –,
Begannst auch du zu schweigen.

So standen wir im Niederschlag
Des Blätterfalls, des zarten;
November war's und Nachmittag
Mit dir im alten Garten.

Impressionen von besonderem Reiz bieten sich dem Spaziergänger, wenn er vom Admiral-Brommy-Weg den Blick hügelaufwärts schweifen läßt. Hier erkennt er im Herbstdunst die Pergola am Haus Schotteck.

Mattes Herbstlicht verzaubert den Sitzplatz im Garten Schotteck.

Winter

Spaziergänger bringen Farbe in den winterlichen Park an der Lesum.

Im Winterlicht kommen die unterschiedlichen Baumarten mit ihren zum Teil bizarren Ästen besonders gut zur Geltung.

Rechte Seite: Winter bei den Zwölf Aposteln

Winter in Lesmona: Die Hänge an der Lesum erstrahlen im Winterglanz.

Die Steinberghöhe mit halbrunder Bank ist neben der Jünglingshöhe einer der beliebtesten Aussichtspunkte am Hochufer der Lesum. Zum Park hin ist der Platz durch immergrünes Buschwerk abgeschirmt. So ist die Blickrichtung auf das Marschland praktisch vorgegeben. Früher gab es an dieser Stelle ein Bauwerk im Stil der Jünglingshöhe.

Der Wasserstand der Lesum ist tideabhängig. An der Färbung des Schilfes kann man an Wintertagen wie diesem ablesen, wie sich der Wasserstand verändert.

Blick von der Jünglingshöhe ins Werderland

Aussicht von der oberen Plattform der Jünglingshöhe.
Der Blick reicht bis ins Oldenburger Land.

Schon geringe Schneemengen genügen, um die Hänge an der Lesum in Rodelbahnen zu verwandeln. Und es sind nicht nur die Kleinen, die dieses Wintervergnügen in Knoops Park genießen.

Knoops Park *in Stichworten*

Ende des 18. Jahrhunderts – Das Hochufer der Lesum wird zum beliebten Sommersitz wohlhabender Bremer Familien.

1816 – Der Bremer Kaufmann J. H. Heymann erwirbt eine Wassermühle an einem Bach zur Lesum. Oberhalb davon läßt er einen reetgedeckten Sommersitz errichten.

1840 – Kaufmann H. W. Gruner ersteht von Heymann das Grundstück neben dem alten Haus und baut den Landsitz Mühlenthal.

1859 – Der Bremer Kaufmann Ludwig Knoop (1821–1894) kauft den Landsitz Mühlenthal im Ortsteil St. Magnus von H. W. Gruner.

Bis 1868 – Nutzung des Landsitzes als Sommersitz. Vergrößerung des Grundstücks: Es wird im Norden von der Straße Auf dem hohen Ufer, im Osten von der Straße An Knoops Park, im Westen durch den Hohlweg Auf dem Steinberg und im Süden vom Admiral-Brommy-Weg begrenzt (= historischer Knoops Park).

1868 bis 1871 – Nach Plänen des Bremer Architekten Gustav Runge entsteht Schloß Mühlenthal.

1870 – Ludwig Knoop beauftragt den Bremer Landschaftsplaner Wilhelm Benque (geboren 1814) mit der Anlage von Knoops Park.

Ab 1878 – Knoop vergrößert sein Grundstück durch Ankauf von Ländereien nördlich seines Gutes bis zur Bahnlinie (heute Knoops Wald genannt).

1882 – Bau der Albrechtsburg: Ludwig Knoops Geschenk an seine Tochter Luise und deren Ehemann George Albrecht. Das Grundstück (2,8 Hektar groß) grenzt im Westen unmittelbar an den historischen Knoops Park.

1894 – Nach dem Tod Ludwig Knoops am 16. August 1894 fällt das Schloß mitsamt seinen Ländereien dem ältesten Sohn Johann zu.

1895 – Knoops Tochter Adele und Ehemann Georg Wolde beziehen den Landsitz Schotteck westlich der Albrechtsburg. Benque hat 1875 einen Plan des Gutes Kränholm gezeichnet. Heute bilden die Grundstücke der verschiedenen Landsitze zusammen mit dem Park der Villa Lesmona ein Ensemble ehemaliger Privatparks.

1896/97 – Das Gut Kränholm wird von dem Architekten E. Gildemeister für Knoops Tochter Emilie, die 1880 Wilhelm Kulenkampff heiratete, erbaut. Den Parkentwurf macht ebenfalls Wilhelm Benque bereits 1875.

1899 – Christian H. Roselius beeinflußt als Bremer Gartenkünstler die Parkentwicklung. Er macht einen Plan zur Umgestaltung der Ackerflächen des Knoopschen Anwesens.

1910 – Ab diesem Jahr ist Schloß Mühlenthal unbewohnt. 1918 stirbt Knoops ältester Sohn Johann. 1922 wird das Schloßmobiliar versteigert.

1915 – Bau der klassizistischen Villa Heinrichsburg, heute Villa Lesmona.

1933 – Beginn der Abrißarbeiten des Schlosses Mühlenthal.

1933 – Der Bürgermeister der Gemeinde St. Magnus, Seegelken (Vermögensverwalter der letzten Knoopschen Erben), gibt dem Bremer Gartenarchitekten Richard Homann den Auftrag, einen Plan zur Aufteilung des Gutes Mühlenthal zu erstellen.

1936 – St. Magnus wird nach Lesum eingemeindet.

1938 – Die Gemeinde Lesum erwirbt das Gut Mühlenthal für 200 000 Reichsmark. Anschließend Verkauf von Grundstücken zur Besiedlung am nördlichen und östlichen Rand von Knoops Wald.

1939 – Die Gemeinde Lesum beauftragt die Bremer Gartenarchitekten Roselius und Lüthke mit der Umgestaltung des Geländes in einen öffentlichen Park. Die Einweihung des öffentlichen Waldparks Mühlenthal (bestehend aus Knoops Park und Knoops Wald) erfolgt Pfingsten 1939.

Nach 1945 – Maßnahmen zur Beseitigung von Kriegsschäden sowie mangelhafter Pflege werden eingeleitet. Der Mühlenthal-Park soll als Grünanlage für die Bevölkerung gesichert sowie ausgestaltet werden. Ein vom Arbeitsamt finanziertes Programm, die „Werteschaffende Arbeitslosenfürsorge", bildet die finanzielle Grundlage für die Kriegsschädenbeseitigung öffentlicher Einrichtungen wie Knoops Park. Ende der 50er Jahre ist die kriegsbedingte Wiederherstellung abgeschlossen.

1950 – Abbruch der Albrechtsburg.

1956 – Der Bremer Staat kauft Kränholm.

Bis in die 60er Jahre – Umbau und Sanierung der Jünglingshöhe.

1971 – Haus Kränholm muß dem Bau der neuen B 74 weichen und wird Stück für Stück abgetragen. Ohne das Erdgeschoß wird es an der Ecke Raschenkampsweg / Auf dem Hohen Ufer wiederaufgebaut.

Herbst 1979 – Der Bremer Bürgermeister Hans Koschnick übergibt die Parkteile Albrecht, Schotteck und Lesmona als Erweiterung von Knoops Park der Öffentlichkeit. Die künstlerische und historische Bedeutung der ehemaligen Privatgärten und Gebäude werden anerkannt. Knoops Park vergrößert sich so auf rund 65 Hektar.

1980 – Die Villa Lesmona, von 1978 an durch die Gartenbauabteilung des Bauamtes genutzt, wird Opfer eines Brandanschlags. Dabei werden Pläne sowie Archivmaterial zerstört. Das Amt zieht in das ehemalige Schwesternwohnheim auf dem Gelände der ehemaligen Albrechtsburg. Innerhalb von drei Jahren entsteht eine neue Villa Lesmona, in deren Park zeitgenössische plastische Kunst ausgestellt wird.

1985 – Nach einem schweren Orkan, dem über hundert prägende alte Bäume zum Opfer fallen, gründet sich der Förderverein Knoops Park e.V. Der Verein widmet sich der gemeinnützigen Aufgabe, den Bestand und die Entwicklung von Knoops Park und der angrenzenden öffentlichen Grünflächen zu fördern. Dies geschieht in enger Zusammenarbeit mit der Gartenbauabteilung des Bauamtes Bremen-Nord. Der Erhalt des Kerns von Knoops Park als gartenhistorisches Denkmal ist wesentlicher Bestandteil dieser Aufgabe.

1987 – Die Landschafts- und Gartenarchitekten Lindenlaub + Dittloff erarbeiten ein Entwicklungs- und Pflegekonzept für den historischen Parkteil unter Berücksichtigung des gartendenkmalpflegerischen Aspekts.

1993 – Verbindung der westlichen Parkteile mit dem historischen Knoops Park durch die Einweihung der Brücke über den Hohlweg Auf dem Steinberg. Finanziert wird das Bauwerk durch die Stiftung Wohnliche Stadt sowie den Förderverein Knoops Park e.V.

1995 – Lindenlaub + Dittloff erarbeiten im Auftrag des Fördervereins Knoops Park e.V. ein weiteres Parkkonzept, diesmal für den westlichen Parkteil.

Im Laufe der Jahre kann der Förderverein Knoops Park e.V. eine große Anzahl von Arbeiten und Verschönerungen im Park durchführen und mitgestalten. Beiträge und Spenden der Mitglieder, Zuwendungen Dritter und vor allem Mittel aus der Bürgerpark-Tombola machen dies möglich.

Parkplan

1 *Westliches Pförtnerhaus*

2 *Östliches Pförtnerhaus*

3 *Ehemaliger Standort von Schloß Mühlenthal*

4 *Grotte der ehemaligen Albrechtsburg*

5 *Wotans-Eiche*

6 *Platane (aus „Sommer in Lesmona")*

7 *Linden Zwölf Apostel*

8 *Unterweser-Wanderweg*

Plan von Ursula Siebert

Baron Ludwig Knoop starb am 16. August 1894 im 74. Lebensjahr. Seine letzte Ruhestätte fand er in einem Familienmausoleum auf dem Waller Friedhof.

Literaturangaben

Nils Aschenbeck, Günter Franz, Bremen-Nord, Fischerhude ohne Jahresangabe

Gustav Brandes, Aus den Gärten einer alten Hansestadt, Abhandlungen und Vorträge, herausgegeben von der Bremer Wissenschaftlichen Gesellschaft, Band 13, Heft 1/2, November 1939

Burg-Lesum Information, Für Bürger und Besucher

Burg-Lesumer Heimatbuch, herausgegeben vom Heimat- und Verschönerungsverein Burg-Lesum, Bremen-Blumenthal 1985

Fachwerk-Palazzo für Maschinen, in: Die Norddeutsche, 7. August 1998

Ganz ohne Zweifel ein echtes Baudenkmal, Bemühungen um Schutz für „Haus Schwalbenklippe", in: Die Norddeutsche, 21. April 1993

Kran half bei der Aufstellung, Prager-Skulptur für Knoops Park, in: Die Norddeutsche, 8. April 1997

Natur in Bremen, in: Geschäftsbericht der Sparkasse in Bremen, Bremen 1991

Von Baum zu Baum, Spaziergänge in Bremer Parks, Herausgeber: Die Sparkasse in Bremen, Landesbetriebssportverband Bremen e.V., Bremen 1995

Klaus Grunewald, Unsere Parks, Lustwandeln wie einst der Baron, In Knoops Park wird der Spaziergänger von der Geschichte eingeholt, in: Weser-Kurier, 11. August 1994

Lesum-Ufer, Knoops Park und Villa Lesmona, in: Achtern Diek und övern Diek, Wanderungen am Wasser, Herausgeber: Handelskrankenkasse, Die Sparkasse in Bremen, Landesbetriebssportverband, Hamburg 1994

Ursula und Günter Heiderich, 1899–1931, Rudolf Alexander Schröder und die Wohnkultur, Bremen um 1978

Werner Kloos, Bremer Lexikon, Ein Schlüssel zu Bremen, Bremen 1980

Werner Kloos, Berndt Andreas, Parks und Gärten in der Freien Hansestadt Bremen, Bremen 1978

Lindenlaub + Dittloff, Landschafts- und Gartenarchitekten BDLA, Knoops Park – Entwicklungs- und Pflegekonzept, ergänzte Fassung von 1987

Annemarie Mevissen, Alte Parks am Rande der Stadt, Bremen 1992

Arend und Gerhard Schmolze, An der Lesum, Bremen 1985

Rudolf Alexander Schröder, Gedichte, Leipzig 1935

Herbert Schwarzwälder, Berühmte Bremer, München 1972

Rudolf Stein, Klassizismus und Romantik in der Baukunst Bremens, Bremen 1965

Ulla Tesch, Das Bremer Haus, Ein Rundgang durch die östliche Vorstadt, herausgegeben vom Senat der Freien Hansestadt Bremen / Presse & Information / Referat Bremen-Werbung in Zusammenarbeit mit dem Bildungszentrum der Wirtschaft im Unterwesergebiet e.V., Bremen, Bremen 1989

Veranstaltungsprospekt „Sommer in Lesmona"

Knoops Park, in: Lothar Pohlmann, Lustwandeln in Bremer Parks, Herausgeber: Verein Freizeit 2000 e.V., Bremen 1993

Knoop zurück im Park, in: Weser-Kurier, 29. Oktober 1995

Schmale Säulen und flammende Herzen, Neue Arbeiten in Birgit Wallers Skulpturenpark am Haus Lesmona, in: Weser-Kurier, 20. September 1995

Adele Wolde, Ludwig Knoop, Erinnerungsbilder aus seinem Leben, Bremen 1928

Fußnoten

1) Werner Kloos, Berndt Andreas, Parks und Gärten in der Freien Hansestadt Bremen, Bremen 1978, S. 27
2) Adele Wolde, Ludwig Knoop, Erinnerungsbilder aus seinem Leben, Bremen 1928, S. 51

Bildnachweis

Fotos: Jutta Langer
Seite 10: Abbildung links von Franz Tecklenborg
Seite 11: Abbildungen aus dem Buch „Ludwig Knoop" von Adele Wolde
Seite 12: Abbildungen aus dem Buch „Ludwig Knoop" von Adele Wolde
Seite 13: oben: Heimat- und Verschönerungsverein Lesum e.V., rechts: aus dem Buch „Ludwig Knoop" von Adele Wolde
Seite 14/15: Heimat- und Verschönerungsverein Lesum e.V.
Seite 16: Einladungskarte zur Goldenen Hochzeit, Förderverein Knoops Park e.V.
Seite 17: Grundriß: Förderverein Knoops Park e.V.
Seite 18: Abbildung unten aus dem Buch „Ludwig Knoop" von Adele Wolde
Seite 19: Abbildung rechts: Heimat- und Verschönerungsverein Lesum e.V.
Seite 23: Alle Abbildungen: Heimat- und Verschönerungsverein Lesum e.V.
Seite 29: Abbildungen von Erna Ohle
Seite 66: Parkplan von Ursula Siebert
Seite 67: Abbildung von Franz Tecklenborg

Wir danken

folgenden Institutionen und Personen für ihre freundliche Unterstützung bei der Entstehung dieses Buches:

- dem Förderverein Knoops Park e. V., insbesondere Frau Gottwald und Herrn Tecklenborg, für Gespräche und Überlassung von Bild- und Textmaterial

- dem Heimat- und Verschönerungsverein Lesum e.V. für die Einsicht in das Text- und Bildarchiv sowie die Nutzung von historischem Fotomaterial

- Frau Birgit Waller für die Erläuterungen ihres Skulpturenparks Lesmona

- Frau Ursula Siebert für die Nutzung des aktuellen Wegeplans von Knoops Park

- der Gartenbauabteilung des Bauamtes Bremen-Nord für Auskünfte und besonders Herrn Behr für die Überprüfung auf sachlich korrekte Darstellung

Die Dipl.-Grafik-Designerin und Fotografin **Jutta Langer,** geb. 1959, lebt in Bremen-Nord. Nach ihrem Grafik-Design-Studium in Berlin arbeitete sie in verschiedenen Werbeagenturen, einem Berliner Verlagshaus sowie seit 1988 freiberuflich in der Marketingabteilung eines Bremer Großunternehmens. Zahlreiche Fotoveröffentlichungen sowie Buch- und Broschürengestaltungen.

Die Autorin **Ulla Tesch,** geb. 1955, lebt als freie Texterin in Bremen. Nach einem Lehramtsstudium in den Fächern Deutsch und Geschichte in Berlin und Bremen beschäftigt sie sich seit über zehn Jahren mit Themen der bremischen Geschichte. Gemeinsam mit der Bremen-Werbung der Pressestelle des Senats Herausgabe von Denkmalführern zum Bremer Haus und zum Schnoor. Für die Sparkasse Bremen u. a. in Zusammenarbeit mit dem jüngst verstorbenen Bremer Heimatdichter Heinrich Schmidt-Barrien Veröffentlichungen zur Bremer Böttcherstraße sowie die Erstellung einer Chronik zur 175jährigen Geschichte der Sparkasse Bremen.

Impressum

Idee, Konzept & Gestaltung: Jutta Langer
Text: Ulla Tesch
Fotos: Jutta Langer
Gesamtherstellung: H. M. Hauschild GmbH, Bremen

ISBN 3–89757–027–0